FARBINDEX

MUSEEN

SCHLOSS DES KÖNIGS

DIE GRÜFTE

KLOSTER

BASILIKA

BIBLIOTHEK

SCHULE

HAUPTFASSADE

BOURBONENPALAST

GÄRTEN

Hauptgeschoss

Erdgeschoss

Kellergeschoss

1 DIE MUSEEN
- A Saala des Heiligen Mauritus
- B Architectur-Museum
- C Das Gemäldemuseum (9 Säle)

2 DER FRATZENHOF

3 SCHLACHTENGALERIE

4 DAS SCHLOSS DES KÖNIGS

5 DIE GRÜFTE (9 SÄLE)

6 KAPITELSÄLE

7 DER HAUPTKREUZGANG
- A Der Evangelistenhof

8 HAUPTTREPPE

9 DIE ALTE KIRCHE

10 DIE SAKRISTEI

11 DIE BASILIKA

12 DER HOF DER KÖNIGE

13 DIE BIBLIOTHEK

14 DIE HAUPTFASSADE

15 BOURBONENPALAST

Real Monasterio de San Lorenzo de El Escorial

Carmen García-Frías
José Luis Sancho

R S
Reales Sitios de España

Palacio Real de Madrid
Bailén, s/n
28071 Madrid
Tel. 91 547 53 50

NIPO: 006-99-026-X
ISBN: 84-7120-253-0
Depósito Legal: M–45473-1999

Koordination und Produktion: ALDEASA
Revision der Übersetzung: Susanne M. J. Hess
Layout: Myriam López Consalvi
Phototechnik: Lucam
Druck: Estudios Gráficos Europeos, S. A.

Vordere Umschlagseite: Blick auf das Kloster vom Monte Abantos.

Hintere Umschlagseite: Wiesen um das Kloster.

Printed in Spain

Inhalt

Präsentation

PATRIMONIO NACIONAL ist das Organ, das mit der Verwaltung der Staatsgüter im Dienste der Krone zur Wahrnehmung der ihr durch die Verfassung und die Gesetze übertragenen repräsentativen Funktionen betraut ist.

Es handelt sich hierbei um eine Gruppe von Palästen und Klöstern königlicher Gründung von höchster historischer, künstlerischer und kultureller Bedeutung wobei vor allem deren herausragender *symbolischer* Wert hervorzuheben ist. Die königlichen Paläste in Madrid, El Pardo, Aranjuez, San Ildefonso und La Almudaina sind Gebäude, die als Residenz und zu repräsentativen Zwecken dienen und vor Jahrhunderten erbaut wurden. In ihnen übt Seine Majestät der König seine offiziellen Akte als Staatsoberhaupt aus, und ganz besonders in dem Palast in Madrid, als dem offiziellen Sitz der Krone, erreicht der symbolische Wert seine ganze Fülle.

Neben diesen Funktionen haben die Gebäude und sonstigen dem Patrimonio Nacional zugehörigen Güter eine kulturelle Bestimmung, die sich in ihrer Öffnung zu Untersuchungen und Forschungen sowie in der Zugänglichkeit für die Öffentlichkeit ausdrückt.

Sowohl die Gebäude als auch die Königlichen Sammlungen (sie umfassen 27 unterschiedliche thematische Abteilungen, angefangen von Fächern bis zu Werkzeugen über Silber, Gemälde, Teppiche, Mobiliar, Musikinstrumente, Uhren usw.) zeichnen sich durch Merkmale aus, die Patrimonio Nacional zu einer in der Welt einzigartigen kulturellen Einrichtung werden lassen: Die *Besonderheit des Gebrauchs*, die Verwendungsfähigkeit zu repräsentativen Zwecken für die Krone ist erhalten geblieben; die *historische Authentizität*, es handelt sich um seinerzeit für einen bestimmten Ort in Auftrag gegebene, erworbene oder geschenkte Stücke; die *Originalität*, gekennzeichnet durch das Fehlen von Repliken und Imitationen sowie ihr außerordentlich hoher künstlerischer, historischer und symbolischer Wert.

Das Verständnis dieser Merkmale in ihrer Gesamtheit vermittelt dem Besucher die Erkenntnis, daß Patrimonio Nacional weit mehr als nur ein Museum ist.

Die spanischen Königlichen Paläste sind von ausgedehnten Grünzonen umgeben, die gegenwärtig eine Fläche von etwa 20.500 Hektar umfassen. Davon entsprechen etwa 500 ha Gärten, und 20.000 ha sind Parks und baumbestandene Flächen. Sie teilen sich auf zwischen El Pardo, La Herrería und Riofrío und sind teilweise für die Öffentlichkeit zugänglich. Der ökologische Wert dieser Grünzonen innerhalb des Biotypus *mediterraner Wald* (der überwiegende Anteil) ist beachtlich und unterstreicht die Bedeutung der in ihnen gelegenen Monumente.

Die Königlichen Klöster sowie die auf königliche Gründungen zurückgehenden Klöster sind seit ihren Anfängen in der Hand der selben religiösen Orden, mit Ausnahme von San Lorenzo de El Escorial, wo als Folge der Säkularisierungen des XIX. Jh. ein Wechsel vom Hieronymitenorden zum Orden der Augustiner zu verzeichnen war. Diese Klöster haben eine besondere Bedeutung in der Geschichte Spaniens, da sie unter der Schirmherrschaft der spanischen Könige entstanden sind.

Außer ihrer kulturellen Bestimmung wird durch die Öffnung für das Publikum das Ziel verfolgt, jedem spanischen Bürger den symbolischen Wert der besuchten Stätten deutlich zu machen und dazu beizutragen, daß er sich mit dem Gesehenen identifiziert und als Erbe des immensen historischen und künstlerischen Schatzes versteht, den in ihrer Gesamtheit die Güter des Patrimonio Nacional bilden.

Durch die Krone im Laufe von Jahrhunderten zusammengetragen, war und ist ihr Einfluß auf die kulturelle Identität Spaniens von ausschlaggebender Bedeutung.

Einleitung

Das Kloster „El Escorial" ist eines der repräsentativsten Baudenkmäler für die ideologischen und kulturellen Bestrebungen des „goldenen Zeitalters Spaniens". Damals machte sich die spanische Krone, die größte Weltmacht sowohl durch ihre dynastischen Bündnisse und die sich daraus ergebende territoriale Macht in Europa als auch durch ihre Herrschaft über praktisch den gesamten damals bekannten amerikanischen Kontinent, zur bedeutendsten Vorkämpferin der katholischen Gegenreformation gegenüber den Ländern der protestantischen Reformation. Der Kampf des „Katholischen Königs" um die Vorherrschaft in Europa und die Verteidigung des traditionellen Glaubens sowie der Kult um die Dynastie und den Monarchen als Auserwählten Gottes finden ihren Ausdruck in El Escorial in einer eigenen Synthese künstlerischer Formen Italiens und der Niederlande. Heute steht El Escorial nach wie vor unter dem Königlichen Patronat seiner Majestät des Königs von Spanien, wobei die Verwaltung und Betreuung der staatlichen Kulturgüterverwaltung obliegen.

Allgemeines

Die Stiftung und ihre Motive

San Lorenzo el Real hatte von Anfang an mehrere Funktionen zu erfüllen: Es war vor allem als Kloster für Mönche des Ordens des hl. Hieronymus gebaut. Die Stiftskirche sollte als Gruft für Kaiser Karl V., seine Gemahlin, seinen Sohn Philipp II., ihre Angehörigen und Nachkommen dienen, und die Mönche dort für das Heil der Königsfamilie beten. Als Palast sollte es den königlichen Stifter und dessen Gefolge beherbergen. Das Kolleg und das Seminar ergänzten die religiöse Funktion des Klosters, während die Bibliothek eine Bereicherung für alle drei Konzepte darstellt. Der Sieg über Heinrich II. von Frankreich in Saint-Quentin, der erste große Sieg auf dem Schlachtfeld unter der Herrschaft Philipps II., der auf das Fest des hl. Laurentius am 10. August 1557 fiel, erklärt teilweise den Widmungsnamen des Klosters, obwohl dieses mehr ist als nur ein Votivdenkmal.

Die Figur Karls V. ist maßgeblich für die Gründung, da er stark auf die Geisteshaltung seines Sohnes eingewirkt und ihm ein Beispiel gegeben hatte, indem er seine letzten Lebensjahre unter Hieronymitenmönchen in Yuste verbrachte; außerdem sollte ihm ein würdiges Grabmal errichtet werden.

Der Stifter

Philipp II. war König von Spanien und, seit 1556, von Spanisch-Amerika; seit 1554, von Neapel, Sizilien und Mailand; und, seit 1555, von den Niederlanden. Er hatte alles von seinem Vater, Kaiser Karl V., geerbt, als dieser ihm 1556 die Macht abtrat und sich in das Kloster Yuste zurückzog, wo er 1558 starb.

Das Bauwerk

Zur Gründung eines Klosters entschlossen, suchte Philipp II. ab 1558 nach einem geeigneten Standort, den er 1562 festlegte. Der Bau wurde nach einem „Generalplan" von Juan Bautista de Toledo begonnen. 1571 war der Teil, der als Kloster dienen sollte, fast fertiggestellt; 1572 wurde mit dem „Haus des Königs" begonnen und 1574 mit der Basilika, die 1595 geweiht wurde. Dieses Jahr kann man als das der Fertigstellung betrachten, obwohl der letzte Stein erst 1584 gelegt wurde und die Ausgestaltung sich noch über einige Jahre

◀ *Palastgarten.*

hinzog. Der König persönlich überwachte das gesamte Projekt, für das der Baumeister, der Prior und zwei Kommissionen die Verantwortung trugen.

Der Baumeister wurde direkt vom König ernannt und hatte nur ihm gegenüber Rechenschaft abzulegen, nicht jedoch gegenüber dem Prior, der ansonsten die höchste Autorität bei der Bauhütte war und dem auch auch die „Kongregation" unterstand, ein ausführender Ausschuß, dem rechtliche und wirtschaftliche Angelegenheiten, Inspektion und Zahlungsverkehr oblagen.

Die Baumeister

El Escorial kann nicht als das Werk eines einzigen Baumeisters angesehen werden, sondern als Ergebnis einer komplexen Zusammenarbeit, wobei zwei Planer sich hervortaten: Juan Bautista de Toledo und Juan de Herrera. Ersterer war im Vatikan Gehilfe Michelangelos gewesen; von ihm stammt der Grundriß und der größte Teil der Pläne. In der Zeit, als letzterer die Bauarbeiten leitete, wurde praktisch der gesamte Komplex errichtet, einschließlich verschiedener Teile, die von Toledo nicht geplant waren. Zahlreiche italienische und spanische Baumeister wurden konsultiert, weswegen das Endergebnis den Charakter Philipps II. zum Ausdruck bringt.

Desweiteren darf man nicht die Bedeutung der Baumeister und Bauführer vergessen, wie Bruder Antonio de Villacastín, Pedro de Tolosa, Diego de Alcántara oder Juan de Minjares. Ein Schüler Herreras, der ab 1583 dessen Arbeit weiterführte, war Francisco de Mora. Zu seiner klassischen italienischen Ausbildung assimilierte Juan de Villanueva im XVIII. Jh. den Geist von El Escorial bei den Umbauten, die er für Karl III. und Karl IV durchführte.

Blick auf das Kloster vom Infantenschlößchen aus. ▲

▲ *Oben: Dächer des Klosters. Unten: Haupteingang des Klosters.*

El Escorial vom XVI. bis zum XIX. Jahrhundert

Das Kloster hielt sich bis 1835 an die Absichten und das Programm seines Stifters und Spenden der nachfolgenden Monarchen vergrößerten sein Vermögen.

Philipp III. begann mit dem Bau des *Pantheons der Könige*. Philipp IV. vollendete ihn und bereicherte die Gemäldesammlung um bedeutende Werke, die Velázquez selbst aussuchte und ab 1656 anbringen ließ. Karl II. hieß Bartolomé Zumbigo das Kloster nach dem Brand, 1671, wiedererrichten und es außerdem mit dem *Retabel* der Sakristei, mit einem Meisterwerk Claudio Coellos, *Anbetung der Hl. Hostie,* und dem grandiosen *Fresken*zyklus von Luca Giordano ausschmücken. Ab dem Jahr 1767 ließ Karl III. die Königsresidenz ausbauen, indem er die neuen Bauten an der „Lonja", dem Vorplatz, und die beiden *Lustschlößchen* für den Prinzen bzw. den Infanten errichtete. Karl IV. ist die Umgestaltung der Nordfassade und die Dekoration des Bourbonen-Palastes zu verdanken, sowie die bereicherte Ornamentik der *Casita*, die er hatte bauen lassen, als er noch Prinz war.

El Escorial im XIX. und XX. Jahrhundert

Durch den Unabhängigkeitskrieg hatte El Escorial bei seinen Kunstsammlungen Verluste erlitten, für die er später, unter Ferdinand VII., durch teilweise Rückgabe und Restaurationen entschädigt wurde. Im XIX. Jh. zwang die Säkularisierung die Hieronymitenmönche zum Verlassen des Klosters, und die Stiftungsgüter kehrten in das Vermögen der Krone zurück. Das Kloster diente verschiedenen religiösen Zwecken, bis es 1885 den Augustinermönchen zugesprochen wurde. Die Gedenkfeier zum 400. Jahrestag der Grundsteinlegung, 1963, und der Vollendung, 1986, verliehen den Restaurierungsarbeiten und den Studien über El Escorial neuen Auftrieb.

Gärten des Königs von einem Balkon aus gesehen. ▶

Der Besuch

Das Kloster San Lorenzo el Real von El Escorial bildet ein großes Rechteck, in dem die verschiedenen darin untergebrachten Aufgabenbereiche verteilt sind, wie man auf dem Plan erkennen kann.

Sakraler Bereich mit Hof

Konvent, um einen großen und vier kleine Höfe herum angelegt

Haus des Königs

Nebengebäude des Königspalastes

Kolleg

Bibliothek

Dieser von Juan Bautista de Toledo entworfene „Generalplan" ist von den kreuzförmigen Grundrissen italienischer und spanischer Hospize des XV. Jh. beeinflußt, aber man kann behaupten, daß seine Hauptvorlage in der traditionellen Anlage mittelalterlicher Klöster besteht. Das am Berghang liegende Kloster ist nach den vier Himmelsrichtungen, mit dem Altar im Osten, ausgerichtet und im Osten und Süden, wo das Gelände abfällt, von Gärten umgeben, die von starken Mauern gestützt werden. An der Nord- und Westseite, wo das Gelände höher ist, umgrenzt es eine Respektszone, der *Lonja* genannte Vorplatz.

Nähert man sich dem Kloster vom Tal her, so zeigt sich einem die malerischste Seite des Gebäudes mit dem Haus des Königs, der Rückseite der Basilika und deren Kuppel. Um zur *Hauptfassade* zu gelangen, muß man die gesamte Lonja überqueren und um das Gebäude herumgehen, das durch die Einheitlichkeit und Strenge seiner schmucklosen Bauweise beeindruckt, wobei jede Fassade ihren eigenen Charakter bewahrt.

Diese Einheitlichkeit wäre nach der ursprünglichen Vorstellung von Juan Bautista de Toledo wesentlich geringer gewesen, denn er hatte geplant, die westliche Hälfte des Gebäudes um ein Stockwerk niedriger zu bauen und Türme einzufügen, die den Übergang von einer Höhe zur anderen in der Mitte der Nord- und

Südfassade des Klosters, mit Galerie der Rekonvaleszenten und Teich des Nutzgartens. ▲

◀ *Vorige Seiten: Nachtaufnahme des Klosters.*

der Südfassade betonen sollten. Diese Abstufung der Volumen hätte dem Gebäude einen Charakter verliehen, der den Harmonievorstellungen der Hochrenaissance mehr entsprach. Im Jahr 1564 beschloß Philipp II. jedoch, die Anzahl der Mönche zu verdoppeln, nun hundert statt fünfzig, und er ließ daher das ganze Gebäude mit vier Stockwerken errichten.

Gegenüber der *Nordfassade,* die im XVIII. Jh. von Juan de Villanueva umgestaltet wurde, befinden sich die beiden Diensthäuser, von Juan Bautista de Toledo ursprünglich nicht vorgesehen und von Juan de Herrera im XVI. Jh. errichtet, um die Dienerschaft des Königs zu beherbergen. Sie wurden 1769 durch einen *unterirdischen Gang,* von Pater Antonio Pontones (Fray Antonio de San José) errichtet, mit dem Palast verbunden. Am südwestlichen Ende der Lonja steht die *Compaña,* das Geleithaus, das Ende des XVI. Jh. von Francisco de Mora für die Nebengebäude der Mönche errichtet wurde; es ist mit dem Kloster durch einen Arkadengang verbunden.

Bis in die Zeit von Karl III. gab es um das Kloster keine weiteren Gebäude von Bedeutung. Die Hauptfassade blickte auf den Berg in einem Dialog zwischen Natur und Kunst. Die Hieronymitenmönche lebten in Abgeschiedenheit und widmeten sich in der Einöde dem Gebet.

Die restlichen die Lonja umgebenden Gebäude stammen somit aus dem XVIII. Jh. und sind das Werk von Juan de Villanueva: Neben der Compaña steht das langgestreckte *Infantenschlößchen* (begonnen 1771) und in rechtem Winkel dazu, das *Haus des Staatsministers* (1785), beide mit beachtlichen Treppen.

Die Hauptfassade des Klosters hat drei Eingänge. Die beiden gleichgestalteten seitlichen führen zum Kolleg (links) und zum Konvent (rechts).

Der Klostereingang ist nicht der Haupteingang, sondern führt über eine Rampe zu den Vorratslagern von Lebensmitteln. Dahinter liegt die eindrucksvolle *Küche,* und dahinter wiederum der äußerst bemerkenswerte mit einem Glasdach versehene Patio zwischen den vier kleineren Klosterhöfen. Die Anlage des Kollegs ist praktisch identisch, wobei die Aula Magna bzw. das „Theater" besonders zu erwähnen ist.

Der *Hauptportal,* in der Mitte der Fassade, führt zum Kloster und zur Basilika. Es hat daher den Charakter eines religiösen Emblems und nichts mit dem Gebäudeteil zu tun, in den es eingebaut ist - die *Bibliothek* -, sondern bezieht sich auf die Kirche, deren Fassade über den Vorhof hinweg zu sehen ist.

Tatsächlich ließ sich Herrera für dieses Portal von einer Graphik Serlios inspirieren, einer Kirchenfassade. Diese Eingebung lag vielleicht auch Philipp II. nicht fern, da er ein begeisterter Anhänger von Abhandlungen über Architektur war. Das königliche Wappen und das des *hl. Laurentius* stammen von Juan Bautista Monegro.

Durch die *Vorhalle,* über der sich die Bibliothek befindet, gelangt man in den *Hof der Könige,* der von der großen *Kuppel* und der *Fassade der Basilika* beherrscht ist.

Die *Statuen* der sechs großen Könige von Juda, die auf deren erstem Baukörper stehen, stammen ebenfalls von Monegro, wie auch der *hl. Laurentius.* Der Stein für diese sieben Figuren wurde aus einem einzigen Granitblock aus einem Steinbruch in der Sierra gewonnen, und in diesen Block gravierte man ein: „Sechs Könige und ein Heiliger/ kamen aus diesem Block/ und er hätte nochmals so viele hergegeben". Der Hof wurde von Toledo mit seitlichen Säulengängen entworfen, die nicht verwirklicht wurden. Der rechte Turm beherbergt die Uhr und die Kirchenglocken; der linke ist der Glöckchenturm, der seinen Namen einer flämischen Glockenorgel, einem Glockenspiel verdankt, das 1988 wieder installiert wurde.

Auf dem Wege zum *Portal der Basilika* sehen wir rechts eine Pforte. Dies war der ehemalige

Retabel des Hauptaltars in der Basilika. ▶

Haupteingang zum Kloster; hier werden wir nach dem Besuch wieder herauskommen.

Die Basilika

Die große Klosterkirche ist der eigentliche Daseinsgrund von El Escorial. Obwohl Juan Bautista de Toledo ihre Lage und ihre Ausmaße im Generalplan festgelegt hatte, wurde nicht sein Entwurf ausgeführt, sondern eine Synthese, bei der Juan de Herrera verschiedene der ursprünglichen Ideen verwirklichte.

Der Entwurf Toledos sah eine halbkreisförmige von zwei Türmen flankierte Apsis vor; der Baumeister Francesco Paciotto kritisierte 1562 die allgemeinen Proportionen und legte 1563 einen anderen Entwurf für eine quadratische Kirche vor. Toledo arbeitete 1567 einen weiteren Plan aus. Von da an bis 1572 ließ Philipp II. Entwürfe der besten italienischen Architekten sammeln, die dann zusammen mit den spanischen Plänen von der Florentinischen Akademie und von Vignola in Rom gesichtet wurden. Als Philipp II. sie 1573 erhielt, meinte er, daß sie ihm nicht viel nutzten; er entschied sich schließlich 1574 für eine Lösung nach den Ideen Paciottos, die allem Anschein nach Herrera zu verdanken ist. Das Ergebnis ähnelt der Kirche Santa Maria de Carignano in Genua. Bei der Errichtung glänzte die Organisationsgabe von Juan de Herrera und die des Bauführers Bruder Antonio de Villacastín.

Die Basilika besteht in Wirklichkeit aus zwei Kirchen: Diejenige, in der Messen für das Volk gehalten wurden, d.h. der *Unterchor* (eine Art Vorkirche), und die Königliche Kapelle und Klosterkirche, der Hauptteil des Tempels.

Die Ebene des Unterchors wiederholt in kleinerem Maßstab die der Hauptkirche, wobei der mittlere Raum von einer gewagten *flachen Kuppel* überdeckt ist. Die beiden Altäre an den Seiten des Zentralbogens dienten für die Volksmessen. Zwischen diesem Raum und der Königskapelle liegt der *Chor der Seminaristen*, von der Kapelle durch große bronzene Gitter getrennt, die von Guillén de Tujarón in Zaragoza gearbeitet wurden.

Über dem Unterchor befindet sich auf der Ebene des Hauptgeschoßes der *Chor der Mönche* (nicht zu besichtigen); die Holzarbeiten des Gestühls verdanken wir dem Genueser José Flecha und die der Orgelkästen Enrique Cotén. Einer der 124 Sitze am Südostende ist etwas breiter als die anderen; Philipp II. saß hier, wenn er die Gottesdienste im Chor verfolgte. Die *Glorie*, das Fresko der Kuppel, stammt von Luca Cambiaso, in Spanien „Luqueto" genannt.

Darin befinden sich einige Porträts, so das des Malers selbst und das des Bauführers Villacastín. Die Wandmalereien wurden von Romulo Cincinnato fertiggestellt.

Schon bevor man durch das Bronzegitter tritt, zieht die *Hauptkapelle* die Aufmerksamkeit auf sich. Ihr Hintergrund wird von einem enormen *Hauptaltaraufsatz* eingenommen und die Seiten von den *Königlichen Grabdenkmälern*, nach einem Entwurf von Juan de Herrera, der klassizistischen Mustern folgt. Die Skulpturen aus vergoldeter Bronze stammen von den Mailändern Leone und Pompeo Leoni.

Im unteren Teil fällt das *Tabernakel-Tempelchen* auf, von Herrera entworfen und von 1579 bis 1586 von Jacome Trezzo aus verschiedenen spanischen Marmorarten fertiggestellt. Die beiden Gemälde des ersten Teils und das mittlere des zweiten stammen von Pellegrino Tibaldi, die übrigen von Federico Zuccaro.

Die Kenotaphe - Karls V. auf der Evangelienseite (links) und Philipps II. auf der Epistelseite (rechts) - sind von den jeweiligen Wappen gekrönt. Von den drei Türen, jeweils darunter, führen die der Kanzel am nächsten gelegenen zur Sakristei und der Reliquienkammer, die beiden anderen zu den kleinen *Gebetsräumen*, unmittelbar neben den Schlafgemächern der Könige.

Diese Anordnung folgt derjenigen des Kaisers in Yuste. Man kann daher sagen, daß

Oben links: Querschiff der Basilika. Rechts: Gewölbe und Kuppel der Basilika. Unten: Chor, mit Kronleuchter aus Mailand, XVII. Jh. ▶

Philipp II. praktisch über seinem Grab schlief und unter jener Stelle betete, die für seine eigene Orantenstatue vorgesehen war. Er ist umgeben von seinen Gemahlinnen Isabella von Valois, Maria von Portugal (Mutter des Prinzen Karl, neben ihr) und Anna von Österreich. Gegenüber, bei Karl V., in seinem Kaisermantel, befindet sich die Kaiserin Elisabeth (Mutter Philipps II.); dahinter ihre Tochter Maria; und weiterhin, die Schwestern des Kaisers, Maria von Ungarn und Eleonore von Frankreich.

Ebenso wie der Chor ist das *Gewölbe des Presbyteriums* mit einem Fresko Luquetos ausgestattet, *Mariä Krönung*. Die übrigen *Gewölbe* wurden im XVI. Jh. nur gegipst; und 1693 beauftragte Karl II. Luca Giordano, sie ebenfalls mit Fresken zu versehen, so daß sie eine beeindruckende barocke Einheit darstellen.

Giordano ist in Spanien als Lucas Jordán sehr bekannt, aufgrund der vielen Arbeiten, die er hier für Spanien durchführte. Sie sind dank seiner Kunstfertigkeit und Geschwindigkeit so zahlreich, daß sie ihm den verdienten Beinamen „Fa presto", der Geschwinde, eintrugen. Er malte diese Gewölbe und das der Klostertreppe in 22 Monaten, zwischen September 1692 und Juli 1694, und das im Alter von 57 Jahren.

Abgesehen von den beiden großen Reliquienschrein-Altären, die von Federico Zuccaro bemalt wurden und die Stirnseite der Seitenschiffe einnehmen - der *Verkündigung* und dem *hl. Hieronymus in der Wüste* gewidmet -, finden sich, verteilt auf die Kapellen und Nischen der Basilika, noch nahezu vierzig mit Gemälden geschmückte Retabel (36 in der Kirche und 2 im Unterchor). Unter ihren Schöpfern sind bei den Spaniern insbesondere Juan Fernández de Navarrete „der Stumme", Diego de Urbina, Luis de Carvajal und Alonso Sánchez Coello zu erwähnen; bei den Italienern,

▲ *Leoni:* Kenotaph Philipps II.. *Rechts, Leoni:* Kenotaph Karls V. *in der Hauptkapelle der Basilika.*

Leoni: Detail des Grabmals Philipps II.. ▶

Luca Cambiaso, Romulo Cincinnato und Pellegrino Tibaldi.

Die Ausstattung der Basilika wird durch zwei große Bronzekandelaber vervollständigt, den *Teneberleuchter* und die *Nelke*, gefertigt von Johann Simon von Antwerpen um 1571; sowie durch die beiden *Kanzeln*, die Ferdinand VII. um 1830 bei Manuel de Urquiza in Auftrag gab.

In einer der Kapellen, am Fußende der Kirche, ist ein Hauptwerk der italienischen Kunst des XVI. Jh. zu sehen, der herrliche *Gekreuzigte* aus Carrara-Marmor, den Benvenuto Cellini zwischen 1559 und 1562 anfertigte, um ihn über seinem eigenen Grab in der Kirche Santissima Annunziata in Florenz aufzustellen. Es kam nie dazu, weil der Großherzig der Toskana den Künstler überredete, ihm das Werk zu verkaufen, und er schenkte es dann Philipp II.. Es ist auf der Fußstütze signiert und datiert.

Bewundernswert ist die Zartheit in der Modellierung des nackten Körpers.

Nach dem Verlassen der Basilika überqueren wir wieder den Hof der Könige, um über eine Treppe rechts in der Vorhalle hinauf in die *Bibliothek* zu gehen. Zuvor werfen wir einen Blick auf die strenge Schönheit ihrer Hoffassade.

Die Bibliothek

In dem ursprünglichen Projekt des Klosters hatte die Bibliothek, die als ein Nebengebäude des Klosters angesehen wurde, nicht jene objektive und symbolische Bedeutung, die sie später gewinnen sollte. Aufgrund ihrer Lage verbindet sie Kloster und Kolleg, von denen sie gemeinsam benutzt wird. Gleichzeitig wirkt sie wie ein Element, das den Zutritt zur

▲ *Luca Giordano: Freskenmalereien im Gewölbe, mit dem* Auszug der Israeliten.

Benvenuto Cellini: Gekreuzigter Christus. *Fassade der Bibliothek zum Hof der Könige hin, von der Fassade der Basilika aus gesehen. Unten: Gesamtansicht des Hofes der Könige, mit der Fassade der Basilika.* ▲

Zentralachse des Gebäudes bewacht, in dem sich somit Wissen, Glaube und Macht vereinigen. Nicht nur ihre Lage, sondern auch die reiche Ausstattung zeigt, daß Philipp II. der Bibliothek im Rahmen seiner Stiftung große Bedeutung beimaß.

Der *Haupt-* oder *Ehrensaal* ist den gedruckten Büchern gewidmet und kann besichtigt werden. Es gab aber noch einen Saal für Handschriften und einen weiteren für gedruckte und verbotene Schriften. Der Stellenwert der Bibliothek entspricht dem, den Philipp II. dem Seminar und dem Kolleg ab 1579 gab, all dies inspiriert vom Geiste des Konzils von Trient. Er erklärt sich aber auch durch das Prestige, das die Krone mit einer Königlichen Bibliothek gewann, in der alles Wissen und die „kostbare Reserve" der Originalhandschriften zusammengefaßt wurden.

Obwohl ihr Bestand mehrere Einbußen erlitt - die schwerste infolge des Brandes von 1671 -, sind heute über 40.000 Texte erhalten, unter denen sich eine überaus reichliche Sammlung lateinischer, griechischer, arabischer und hebräischer Handschriften befindet.

Abgesehen von den eigenen Büchern - es waren mehr als 4.000 - und denen, welche bis dahin in der Königlichen Kapelle von Granada aufbewahrt wurden, ließ der König Bücher aus Privatsammlungen nach El Escorial bringen. Benito Arias Montano und Bruder José de Sigüenza wurden mit dem Ordnen und Einteilen dieser ungeheuren Sammlung beauftragt, die unter Philipp III. noch um weitere 4.000 arabische Handschriften bereichert wurde.

Der *Hauptsaal* der Bibliothek ist „heiter, majestätisch und hell", denn er hat sieben Fenster auf den Hof der Könige und fünf auf die Lonja; er ist 55 Meter lang und 10 Meter breit. Er beeindruckt durch die reiche Gestaltung der Regale und seine *Fresken*, die zwischen 1586 und 1592 von Pellegrino Tibaldi in seinem eindeutig von Michelangelo beeinflußten manieristischen Stil geschaffen wurden. Die umfangreiche und komplizierte ikonographische Darstellung, voller Anspielungen und mit überwiegend Weisen und

Gesamtansicht der Bibliothek. ▲

Gestalten aus der Antike, ist dem Chronisten der Stiftung des El Escorial, Bruder José de Sigüenza, zu verdanken.

Der Bilderzyklus Tibaldis beginnt mit der *Philosophie* auf der Seite des Kollegs, wo wir hereingekommen sind, und mit der *Theologie* im Süden, auf der Klosterseite. Von der einen zur anderen entwickeln sich die Wissenschaften, d.h. die sieben freien Künste nach der mittelalterlichen Einteilung in *Trivium* (Grammatik, Rhetorik, Dialektik) und *Quadrivium* (Arithmetik, Musik, Geometrie und Astrologie). In jedem Abschnitt des Gewölbes befindet sich oben eine allegorische Darstellung einer dieser Künste; in den halbkreisförmigen Flächen oder Lünetten begleiten sie jeweils zwei hervorragende Vertreter der betreffenden Wissenschaft, und auf den Friesen unter dem Gewölbe, zwei diesbezügliche Szenen.

Die monumentalen *dorischen Regale* wurden von José Flecha, Juan Senén und Martín de Gamboa nach einem Entwurf von Juan de Herrera angefertigt. Darin sind die Bücher so aufgestellt, daß die offene Seite nach außen sieht, damit das Papier „atmen" kann. Die vergoldeten Kanten der Blätter schimmern durch das Drahtgitter aus dem XVIII. Jh. und „so scheint es sich um ein schönes Werk zu handeln, denn vom Boden bis nach oben ist es mit Gold bemalt oder überzogen".

Die Regale aus amerikanischen Hölzern in Naturtönen stehen auf einem Marmorsockel. Die Säulenschäfte sind aus Akanaholz, die Basen und Kapitelle aus Orangenbaumholz. Die fünf Tische aus dunklem Marmor entlang des Saales stammen aus der Stiftungszeit, während die beiden achteckigen aus Vulkangestein gegen 1660 von dem Steinmetz Bartolomé Zumbigo

▲ *Detail der Freskenmalerei im Gewölbe der Bibliothek, von Pellegrino Tibaldi.*

Ein Teil der Bibliothek. ▲

geschaffen wurden. Hier breitete sich eine reichhaltige Sammlung von Welt- und Himmelskugeln aus, von Karten und astronomischen Geräten, etc., an denen man die wissenschaftliche Funktion der Bibliothek erkennen konnte. Daran erinnernd stehen hier heute noch eine Armillarsphäre, gegen 1582 von Antoni Santucci nach dem ptolemäischen System gefertigt, eine Welt- und eine Himmelskugel von Jean Blaeu, aus dem Jahre 1660, und ein Magnetstück, das man offenbar während der Ausschachtung für den Bau des Klosters fand.

Andere beachtliche Möbel sind der *Schrank* vom Ende des XVIII. Jh., eine Einlegearbeit aus Ebenholz und Buchsholz, wo die Münzensammlung aufbewahrt wird; und das mit 1622 datierte barocke *Portal*, durch das wir zu den Korridoren des Hospizhofes gelangen.

Dann gehen wir über die Hospiztreppe hinunter in den Hof der Könige, um von dort aus die Museen zu besuchen.

Die Museen

Von der Bibliothek kommend, verlassen wir zunächst den Komplex und betreten ihn erneut durch das Hauptportal der *Nordfassade*. Hier war der direkte Zugang zu den Küchen des Palastes, und heute befinden sich hier die Kassen und die Cafeteria. Von hier oder von der Vorhalle aus betreten wir den *Palasthof* oder *Wagenhof*, dessen Ost- und Südgalerie jeweils mit Darstellungen von Schlachten aus der Zeit Philipps II. dekoriert sind. Die eine - flämische Schule aus dem XVII. Jh. - bezieht sich auf den Feldzug der Niederlande, und die andere stammt von Luca Cambiaso und zeigt die Schlacht bei Lepanto.

Die Größe des Hofes kommt nur auf der Ebene des Hauptgeschoßes zur Geltung, da die Hälfte seiner Fläche von einem T-förmigen, zweistöckigen Gebäude eingenommen wird, das die Nebengebäude der Küchen beherbergte.

Die Räume des ersten Stockwerks im Osten und Norden des Palasthofes bilden den

Werkzeuge der Bau- und Steinmetzarbeiten. Modell eines der Turmhelme. ▲

El Greco: Das Martyrium des hl. Mauritius und die Legion Thebens. ▲

Bourbonenpalast. Zu Zeiten der Habsburger waren die Räume im Norden Gemächer der Damen und Herren des Hofes, die im Osten waren für die Infanten gedacht.

Neue Museen

Ihr Zugang befindet sich in der Mitte der östlichen Galerie. Im ersten Saal ist die bemalte Holzskulptur des *hl. Michael, der den Drachen besiegt*, zu sehen, ein Werk der Kammerbildhauerin Karls II., Luisa Roldán. Im zweiten besticht das großartige Bild von Domenikos Theotokopulos (El Greco), *Das Martyrium des hl. Mauritius und die Legion Thebens*. Philipp II. hatte dieses Bild bei El Greco für einen Altar der Basilika (wo dann ein Gemälde von Romulo Cincinnato angebracht wurde) in Auftrag gegeben; es gefiel dem Monarchen jedoch nicht, und zwar aus Gründen des „Anstandes" bzw. der Regeln für Heiligenbilder, bezeichnend für die Kunst der Gegenreformation.

Verschiedene flämische Wandteppiche aus der Sammlung Philipps II. sind über beide Säle verteilt. Dabei soll vor allem die berühmte Serie *Versuchungen des hl. Antonius*, als *Goldtücher* bekannt, erwähnt werden.

Museum über den Klosterbau

Über die Treppe hinter dem Gemälde von El Greco kommen wir hinunter in diese Säle, die 1963 eröffnet und 1986, anläßlich der Ausstellungen zur 400-Jahrfeier der Baubeendung, vervollständigt wurden. Hier finden wir eine didaktische Zusammenstellung von Plänen, Modellen, etc., der Bauhütte.

Gemäldemuseum

Es befindet sich im Untergeschoß der *Königsresidenz*, d.h. im sogenannten

▲ *Modelle von Kranen, wie sie für den Klosterbau eingesetzt wurden.*

Sommerpalast, der 1963 rehabilitiert wurde, um jene Kunstwerke auszustellen, die sich im Laufe der Jahrhunderte in der Sammlung des Klosters angehäuft hatten und die nicht irgendwann im XIX. oder XX. Jh. in das Prado-Museum gebracht worden waren. Im Anschluß ist der derzeitige Aufbau beschrieben, der natürlich, abgeändert werden kann.

Der erste Saal umfaßt neben Bildern der venezianischen Schule des XVI. Jh. auch andere, wie den großartigen *Hl. Michael* von Luca Cambiaso. Unter den Venezianern fallen besonders auf: Die *hl. Margarete*, von Tizian; die *Magdalena*, von Tintoretto; der *Himmlische Vater*, Paolo Veronese zugeschrieben; und zwei *Kreuzabnahmen*, hier in verkleinerter Version, die seinem Sohn Carlo Veronese zugeschrieben werden.

Den zweiten Saal nimmt die flämische Malerei des XVI. und XVII. Jh. ein. Aus dem XVI. Jh., zwei große Kompositionen: *Die sieben freien Künste* von Martín de Vos und *Das Urteil des Salomon* von Pieter Aertsen, letzteres aus dem Jahre 1562. Unter den Werken des XVII. Jh. fallen auf: *Das Abendmahl von Emaus* (Rubens); von Van Dyck, eine *Maria* und eine *Flucht nach Ägypten*;

Links: Paolo Cagliari, Veronese: Mariä Verkündigung. *Rechts: Juan Fernández de Navarrete, der Stumme:* ▲ Die Enthauptung des Jakobus.

und von Giordano stammt, in Nachempfindung von Rubens, *Das Martyrium der hl. Justina*.

Der dritte Saal ist gänzlich dem flämischen Maler Michael Coxcie gewidmet, einem der Lieblingsmaler Philipps II.. Durch das Studium von Raffael und Leonardo ist sein Werk stark italienisch beeinflußt. Besonders auffallend sind sein *Christus mit dem Kreuz, David und Goliath* und das *Triptychon des hl. Philipp*, zur Ehrung des Namenspatrons des Königs.

Die drei inneren Säle (vierter, fünfter und sechster), deren Fenster auf den Fratzenhof hinausgehen, zeigen im wesentlichen italienische, spanische und flämische Malerei des XVII. Jh.. Besonders beachtenswert im ersten Saal: *Die Reise des Jakob*, von Andrea di Leone, und *Porträt von Innozenz X.*, von Pietro Martire Neri; im zweiten: zwei *Stilleben mit Stieglitzen*, von Johannes van der Hamen, und zwei *Blumenvasen*, von Daniel Seghers; und im dritten: *Lot, von seinen Töchtern trunken gemacht*, von Guercino.

Der lange siebte Saal ist der ehemalige Wandelgang des Sommerpalastes, mit einer hervorragenden Aussicht über die Gärten und in Richtung Madrid. Hier befinden sich einige der berühmtesten Gemälde des Klosters, die am engsten mit der Geschichte seiner Gründung in Verbindung stehen, wie die ursprünglich für den Hauptaltar der Basilika gedachten, die dann jedoch abgelehnt wurden. Es sind dies: *Die Verkündigung* von P. Veronese, *Die Anbetung der Hirten*, von Tintoretto, sowie *Die Geburt Christi* und *Die Heiligen Drei Könige* von Federico Zuccaro.

An der gegenüberliegenden Wand haben wir Werke des Malers Juan Fernández de Navarrete „des Stummen" aus La Rioja, darunter *Der büßende hl. Hieronymus* und *Die Enthauptung des Jakobus*. Zwischen diesen beiden befindet sich eine hervorragende von Coxcie gefertigte Kopie der *Kreuzabnahme*, deren Original (das sich früher in El Escorial befand und nun im Prado-Museum ist) von Van der Weyden stammt, einem flämischen Maler aus dem XV. Jh.. Dieser malte den *Kalvarienberg*, der die Stirnseite dieses Saales einnimmt. Gegenüber befinden sich *Die Berufung des hl. Petrus* und der *hl. Andreas* des Italieners Federico Barocci.

Der achte Saal ist der spanischen Malerei des XVII. Jh. gewidmet. Vom „Españoleto", José de Ribera, der führenden Gestalt der neapolitanischen Schule (XVII. Jh.) - obwohl er in Valencia geboren wurde -, sollen hier die *Erscheinung des hl. Antonius*, ein *Büßender hl. Hieronymus*, sowie einige Kopien besonders erwähnt werden, und von Francisco de Zurbarán, *Mariä Opferung*.

Der neunte Saal, ursprünglich das Sommerschlafgemach Philipps II. (mit einer Verbindung zur Tribüne der „unterirdischen Kirche", damals Oratorium Philipps II. und heute die Gruft der Könige) ist Luca Giordano, Guercino und einigen spanischen Malern des XVII. Jh. gewidmet. Hier sind auch zwei Darstellungen der *Madonna mit dem Kinde* von Alonso Cano zu sehen.

Von diesem letzten Saal des Museums führt ein Gang in den Fratzenhof.

Fratzenhof

Dieser Hof, überschattet von der enormen Kirchenfront, verdankt seinen Namen den beiden Brunnen an seiner Ostmauer; die drei anderen Seiten sind von Säulengängen mit Rundbogen über toskanischen Säulen umgeben, eine Anordnung, die bezeichnend ist für den Landhauscharakter dieser Königsresidenz. Der deutlich von italienischen Modellen inspirierten Anlage dieses Hofes verleihen die Dächer und die eigentümlichen Sturmhauben der Schornsteine eine flämisch anmutende Note. Sie sind nur deshalb erhalten geblieben, weil bei dem Brand von 1671 das Dachwerk dieses Gebäudeteils, des *Hauses de Königs*, unversehrt blieb. Dieser Teil erstreckt sich über zwei Stockwerke rund um den Hof, mit den Sommergemächern - wie wir gesehen haben -

Roger Van der Weyden: Der Kalvarienberg. ▶

INRI

im Erdgeschoß, und den Winterräumen - die wir nun ansehen wollen - im Hauptgeschoß.

Das Haus des Königs

Der Wohnbereich des Königs nimmt eine symbolische Position an der Hauptachse des Gebäudes ein und ist eng mit dem Gotteshaus verbunden, so daß der König als ein von Gottes Gnaden Beschützter und als Verteidiger der Kirche erscheint, als Mittler zwischen dem Heiligen und dem Profanen (Kloster und Palast), und doch in seinen Räumen abgeschieden von den Sterblichen weilt, „wo ohne seine Erlaubnis kein anderer Zutritt hat; wie Adler auf unzugänglichen Felsen". Das Haus des Königs ist, trotz seiner bescheidenen Ausmaße und seines schmucklosen Aussehens, die Achse des gesamten Baukörpers und das Bindeglied seiner verschiedenen Teile, denn der Monarch gelangte von dort aus überall hin.

Dieser kleine Palast ist, wie alle spanischen Königspaläste jener Zeit, in zwei ähnlich angelegte „Zimmerfluchten" unterteilt, die *des Königs* und die *der Königin*. Hier sind sie so angelegt, daß man vom Schlafraum beider aus durch die jeweilige Kapelle hindurch den Hauptaltar der Kirche sehen kann, „so daß sich das Königspaar innerhalb (um es so zu sagen) und außerhalb der Hauptkapelle befindet; man konnte nicht mit höherem Anstand oder höherer Größe planen". Die Räume der Königin liegen auf der Evangelienseite (der linken, wenn man zum Altar blickt), die als die ehrenvollere gilt. Da der König 1580 zum vierten und letzten Male verwitwet war, wurden die Gemächer der Königin von seiner Tochter Isabel Clara Eugenia eingenommen, weshalb sie gemeinhin als die *Gemächer der Infantin* bekannt sind.

▲ *Der Fratzenhof.*

Die Schlachtengalerie. Freskenmalereien von Granello, Castello, Cambiaso und Tavarone. ▶

Vom Fratzenhof über die Königinnentreppe herauf, gelangt man in die Gemächer der Königin, oder der Infantin; man erreicht von hier aus aber auch den letzten Saal des „Öffentlichen Palastes", der in Verbindung mit dem Haus des Königs steht: Die Schlachtengalerie.

Die *Schlachtengalerie*, ein 55 m langer Saal, ist gänzlich mit Fresken ausgestattet, Darstellungen von Kriegsszenen, denen sie ihren Namen verdankt. Sie stammen von Niccolo Granello, Fabrizio Castello, Orazio Cambiaso und Lazzaro Tavarone. Diese „langen Räume" waren charakteristisch für die damalige Zeit und dienten sowohl als überdachte Promenade als auch für feierliche Empfänge.

Philipp II. wollte hier zeigen, daß seine Feldzüge für die Vorherrschaft in Europa jener kämpferischen Haltung entsprangen, welche die christlichen spanischen Monarchen im Mittelalter entwickelt hatten. So sind einander gegenübergestellt: Die *Schlacht von la Higueruela*, wo Johann II. von Kastilien 1431 die Heere Granadas besiegte und die auf die lange Mauer den Fenstern gegenüber gemalt ist (eine Kopie einer Zeichnung aus dem XV. Jh., die sich im Alcázar von Segovia befand), und neun Episoden aus dem Krieg Philipps II. gegen die Franzosen, mit der berühmten Schlacht von Saint-Quentin, zwei Szenen aus der Meeresschlacht bei den Azoren, wegen der Thronnachfolge in Portugal, an den Stirnseiten und zwischen den Balkonen; alle aus der Zeit Philipps II.

Betritt man die Gemächer der Königin oder der Infantin, so gelangt man zunächst in den *Vorsaal* und von dort aus in die Kammer oder das *Schlafgemach* der Infantin. Von hier aus sehen wir das Presbyterium der Kirche und, durch die Fenster, den *Garten der Königin*.

▲ *Links: Detail aus dem Fresko* Die Schlacht von la Higueruela, *in der Schlachtengalerie. Rechts: Porträtsaal.*

Das Porträt von *Isabel Clara Eugenia* hängt neben dem ihrer Schwester *Catalina Micaela*, beide gemalt von Juan Pantoja de la Cruz. Das kleine Harmonium mit dem Wappen Philipps II. ist flämischer Machart aus dem XVI. Jh..

Von der Kammer aus kehrt man über einen Umweg durch die hohen Korridore des Fratzenhofes, welche die Gemächer des Königs und die der Königin miteinander verbanden, wieder zum *Vorsaal* zurück, der mit mehreren Bildern von Juan Correa de Vivar und aus der Werkstatt der Bassanos geschmückt ist. Hier befindet sich der *Tragestuhl von König Philipp II.*

Dieser Stuhl wurde von dem gichtkranken König in seinen letzten Lebensjahren verwendet und weist ein merkwürdiges System zum Verstellen der Rückenlehne auf. Seine Struktur gestattete es auch, ein Sonnendach aufzusetzen und die Seiten zu schließen.

Anschließend betreten wir die *Gemächer des Königs*. Die Anordnung und die Verwendung der einzelnen Räume in den spanischen Königspalästen wurde vom burgundischen Hofprotokoll geregelt. Es war von Karl V. eingeführt worden und betonte die geheiligte Bedeutung der Person des Königs: Zum jeweils nächsten Raum war der Zugang, gemäß dem Rang des Besuchers immer eingeschränkter. Die untere Wandverkleidung mit Keramik aus Talavera ist im Original erhalten. Das Mobiliar dieser Räume entspricht dem, was man heute über ihre Ausstattung im XVI. Jh. weiß.

Vom Vorsaal aus gelangen wir in den *Audienzsaal*, heute Porträtsaal genannt, aufgrund der dort angebrachten Bildnisse von Mitgliedern des Habsburger Königshauses. Sie stammen von Antonio Moro, Sánchez Coello, Pantoja de la Cruz und Juan Carreño de Miranda.

Kammer der Infantin. ▲

Hier fanden die ordentlichen Audienzen des Königs statt. Die chinesischen Klappstühle aus der Ming-Zeit (drittes Viertel des XVI. Jh.) wurden vom König verwendet, um sein gichtgeplagtes Bein auszuruhen. Unter den Porträts fällt eines auf, das *Philipp II.* im Alter von 35 Jahren und - wie man meint - in der Rüstung der Schlacht von Saint-Quentin zeigt, gemalt von Antonio Moro.

Von hier aus kommen wir zum *Wandelgang* und von dort aus, zum Saal des Königs, durch zwei doppelte Intarsienportale, die „zum Besten und feinst Gearbeiteten gehören, was aus Deutschland hierher gekommen ist". Sie wurden Philipp II. im Jahr 1567 von Kaiser Maximilian II. geschenkt. Der Wandelgang in den Gemächern des Königs ist in europäischen Palästen des XVI. Jh. häufig anzutreffen; er erlaubte, auch bei schlechtem Wetter ein wenig spazieren zu gehen.

Man folgte mehr oder weniger der Beschreibung von Pater Sigüenza, als man hier Gemälde von Schlachten aus der Zeit Philipps II. und Landkarten, von dem im XVI. Jh. bekannten Geographen Abraham Ortelius anbrachte (vorher befanden sich hier flämische Landschaften). Die *Meridiane* auf dem Boden dieses Raumes und des nächsten sind ein Werk des Jesuitenpaters Johannes Wedlingen (1755).

Die beiden inneren Säle mit Fenstern auf den Fratzenhof, die parallel zu dieser Galerie verlaufen und von den Türen aus gesehen werden, sind mit Bildern aus dem XVI. und XVII. Jh. geschmückt, darunter vor allem: *Der Geldwechsler und seine Frau*, von Marinus van Reymerswaele, und *Die Muttergottes mit Kind*, von Quentin Metsys.

Im *Saal des Königs* oder dem *Vorsaal* befindet sich eine recht vollständige Serie der königlichen Schlösser Philipps II. in der Umgebung Madrids; es handelt sich um anonyme Gemälde aus dem XVII. Jh.. So wird die Freude an der Baukunst und die Bauleidenschaft in Erinnerung gerufen, welche der Herrscher bereits als Prinz hegte und die

Chinesischer Klappstuhl, verwendet von Philipp II. Deutsches Intarsienportal im Wandelgang. ▲

Antonio Moro: Philipp II.. ▶

ihren höchsten Ausdruck im Kloster von El Escorial fanden. Vom Kloster selbst sind hier einige Drucke Pedro Perrets nach den Entwürfen von Juan de Herrera ausgestellt. Diese Serie ist wesentlich für die Kenntnis des Gebäudes. Zu Zeiten Philipps II. befanden sich hier diese Drucke sowie „naturgetreue Abbildungen vieler Dinge, die in unserem Amerika zu sehen waren: Einige stellten die vielen Vogelarten dar... andere die Vielfalt großer und kleiner Tiere... und andere tausenderlei Ungeziefer", ein Produkt des großartigen wissenschaftlichen Werkes des Medikus Philipps II., Francisco Hernández.

Über einen Gang, der die *Königstreppe* umgibt, gelangen wir zur *Kammer* Philipps II., wo er am 13. September 1598 verstarb: „... in demselben Hause und der Kirche San Lorenzo, die er errichtet hatte, beinahe über seiner eigenen Grabstätte, um fünf Uhr morgens, als die Morgenröte im Osten aufzog ... und die Knaben des Seminars die Frühmesse sangen, wurde die letzte für sein Leben und die erste für seine Seele gelesen...".

Die Ausrichtung des Bettes, wie die des Lagers seines Vaters in Yuste, erlaubte es dem liegenden König, die Landschaft durch zwei der Balkone, und auf der anderen Seite, seine Kapelle und den Hauptaltar der Basilika zu sehen. Auf dem Tisch des Arbeitszimmers steht eine „Nachtlampen-Uhr", eine Arbeit des Hofuhrmachers Philipps II., des Deutschen Hans von Evalo. Im Jahr 1583 datiert, handelt es sich um ein typisch manieristisches Stück. Der Monarch schrieb nachts nur mit dem Licht dieses kleinen Leuchters. Die Kammer des Königs schmückte einst, unter anderem, das Tafelgemälde *Todsünden*, von H. Bosch, das sich heute im Prado-Museum befindet. Unter den Bildern, die heute hier gezeigt werden, sind besonders hervorzuheben: Die *Sacra*

▲ *Gemach des Königs.*

Conversazione, von Benvenuto Tisi, *Il Garofalo*; eine *Pietà*, von Gerard David, und das Porträt *Philipps II.* als alter Mann, von Pantoja de la Cruz. Das *Retabel* darunter, *aus Ebenholz, Silber und Bronze*, ist ein Werk des Römers Antonio Gentili, nach einem Entwurf von Giuliano della Porta, 1586 ein Geschenk der Großherzogin der Toskana an den König. Die restlichen Bilder mit frommen Motiven sind flämische und italienische Werke aus dem XVI. Jh.. In dem Wandschrank ist, neben mehreren Wertobjekten, insbesondere auf zwei *Schatullen aus dem Mittelalter* hinzuweisen: Eine beinerne (X. Jh.) und die andere aus einer Werkstatt in Limoges (XII. Jh.); weiterhin, bereits aus dem XVI. Jh., ein *plantereskes Pacem* in Form eines Tempelchens, von dem berühmten Goldschmied Luis del Castillo, und, vom Ende desselben Jahrhunderts, zwei *Malereien auf Achat*, die Annibale Caracci zugeschrieben werden.

Gemach des Königs, mit Arbeits- und Schlafraum. Im Hintergrund: Kapelle. Unten: „Nachtlampen-Uhr", von Hans von Evalo, 1583. ▲

Die karge Ausstattung dieser Räume muß überraschen, wenn man den königlichen Prunk in der Neuzeit und die Tatsache bedenkt, daß Philipp II., König Spaniens und Spanisch-Amerikas war, der wichtigste europäische Monarch seines Jahrhunderts. Es ist jedoch zu bedenken, daß es sich um das „Königliche Gemach" des Stifters in einem Kloster handelt, wo sich der König - der mittelalterlichen Tradition folgend - gerne aufhielt und sich zurückzog, um Frömmigkeit und Vaterliebe zu pflegen.

Von diesen Räumen gehen wir über einen Gang treppab zu einem Vorraum, zwischen der *Basilika* und der *Vorsakristei,* von wo aus wir weiter hinunter, zu den Pantheons gelangen.

Die Pantheons

Eine der wichtigsten Funktionen von El Escorial ist es, als Grabstätte der Könige Spaniens zu dienen. Dennoch wurde diese Absicht erst nach dem Tode des Stifters verwirklicht, der - einigen seiner Biographen zufolge - gesagt haben soll, er habe ein Haus für Gott geschaffen; sein Sohn würde, so er wolle, dies für seine Gebeine und die seiner Vorfahren tun. Die beiden Grüfte entsprechen sehr deutlich verschiedenen Jahrhunderten und Stilrichtungen: Im Barockstil, XVII. Jh., ist das Pantheon der *Könige* gehalten; eklektisch, XIX. Jh., das der *Infanten.*

Von dem Gang zwischen Kirche und Sakristei führt eine Treppe hinunter zu den

▲ *Kapelle des Königs, vom Presbyterium der Basilika aus gesehen.*

Grüften. Nach links gelangt man zum Pantheon der Könige, nach rechts, zu dem der Infanten.

Das *Pantheon der Könige* ist kreisförmig und mit einer Kuppel versehen, der Kreisumfang in acht Segmente aufgeteilt. Juan de Herrera entwarf und errichtete den Bau nur in Granit, doch als Philipp III. beschloß, ihn zur Gruft zu machen, beauftragte er den Bauaufseher Giovanni Battista Crescenzi, diesen in seiner heutigen Form mit Marmor und Bronze nach einem 1617 von Juan Gómez de Mora begonnenen Entwurf zu verkleiden. Während der Herrschaft Philipps IV. verzögerten diverse Schwierigkeiten die Fertigstellung, die erst 1654 erfolgte.

Crescenzi, ein Römer, leitete die Anfertigung der Bronzen durch italienische Handwerker, vor allen aus Genua. Mit den Marmorarbeiten waren Pedro de Lizargárate und Bartolomé Zumbigo, *der Ältere*, betraut. Noch unter Philipp IV. gelang es, die technischen Probleme zu lösen (als man tiefer aushob, war man auf eine Quelle gestoßen). Aus dieser Zeit stammen die Ausschmückung der Kuppel mit Grotesken, die Böden, die gesamte Treppenverkleidung und die Portale sowie die Vergoldung der Bronzen, zu denen noch einige hinzukamen. Die reiche Ausstattung mit Marmor (blauem aus Toledo und rötlichem aus Tortosa) und Bronzen, die Pracht der korinthischen Säulenanordnung und die barocke Üppigkeit der Grotesken machen aus diesen Räumlichkeiten ein beachtliches Beispiel des italienischen Frühbarocks, das eher

Zugang zum Pantheon der Könige. Rechts: Altar im Pantheon der Könige. ▲

Auf den folgenden Seiten: Gesamtansicht des Pantheons der Könige. ▶

FERDIN. VII
ELISABETH
ALPHONSVS XII
ALPHONSVS XIII

CAROLVS V
IMP ET REX
PHILIPPVS II
PHILIPPVS III
HISPAN REX
PHILIPPVS IIII

international als hispanisch anmutet. Den Altar beherrscht ein *Gekreuzigter* von Domenico Guidi, einem weniger bekannten Künstler, der aber hier mehr Glück hatte als Pietro Tacca und Gian Lorenzo Bernini, deren ebenfalls für diesen Ort geschaffene Kruzifixe heute in der Schulkapelle bzw. in der Altarnische der Sakristei aufbewahrt werden.

In den Urnen ruhen (nachdem sie zuvor jahrelang in der benachbarten „Faulkammer", verwest sind) die Reste der Monarchen und ihrer Gemahlinnen, letztere nur, falls sie Mutter eines Königs waren. Die Könige liegen rechts des Altars und die Königinnen links davon, in chronologischer Reihenfolge von Karl V. bis zu Alfons XIII., vier Jahrhunderte spanische Monarchie. Es fehlen nur Philipp V. und sein Sohn Ferdinand VI. sowie ihre Gemahlinnen; denn sie wünschten in ihren Stiftungen, der Granja von San Ildefonso und dem Kloster der Königlichen Salesianerinnen in Madrid beerdigt zu werden.

Das *Pantheon der Infanten* wurde auf Initiative Isabellas II. nach einem Entwurf von José Segundo de Lema gebaut und 1888 fertiggestellt. Jede ihrer neun Kammern, die unter der Sakristei und den Kapitelsälen liegen, hat einen Altar und ist mit Marmor ausgekleidet. Die Skulpturen und dekorativen Elemente wurden in Carrara von Jacopo Baratta di Leopoldo nach Modellen von Ponciano Ponzano, aus Aragón, gearbeitet. Der Stil der von historischen Quellen inspirierten Anlage weist einige Überladenheit von wahrhafter Grabesschwere auf. Anziehungspunkte des Pantheons sind jedoch die kühle Pracht des Materials und der Farben sowie ihr historisches Interesse, als Ausdruck des Geistes des XIX. Jh., der diese Gruft prägt.

Besonders erwähnt werden soll: In der *ersten Kammer*, ein neoklassischer Altar mit einer *Kreuzabnahme* von Carlo Veronese; das Grabmal der Infantin Maria Josefa de Borbón, von Isidro G. Velázquez; das der Infantin Luisa Carlota de Borbón mit der Orantenstatue ihrer

▲ *Grabmal des Don Juan de Austria, in der fünften Kammer des Pantheons der Infanten. Unten: Detail des Gewölbes der Kapitelsäle.*

Schwiegertochter, Isabella II., das hier aufgestellt wurde, weil sie als Königin diese Gruft bauen ließ; das Grabmal der Herzöge von Montpensier und deren Töchter, von Aimé Millet. In der *fünften Kammer* steht das historizistisches Grabmal des Don Juan de Austria, gearbeitet von Giuseppe Galeotti nach einem Entwurf Ponzanos. Die *sechste Kammer* beinhaltet, wie eine zwanzigeckige Torte aus Marmor, das Mausoleum der Infanten, die vor der Pubertät verstarben. Am Altar ist ein Gemälde von Lavinia Fontana (1590), *Die Jungfrau mit dem Schleier*, zu beachten. Die *neunte Kammer* ist die geschichtsträchtigste, da sie sechzehn Grabmale der Habsburger beherbergt.

Hinter der Gruft der Infanten befinden sich die zwei „Kantinen" oder Kellergewölbe, die als „die Silberschmiede" bezeichnet werden. Hier führt eine Treppe hinauf zu den Kapitelsälen.

Kapitelsäle

Die Kapitelsäle dienten der Zusammenkunft der einhundert Mönche, die das Kloster bewohnten, und darauf ist ihre Bedeutung und Geräumigkeit sowie die Holzbank, die sie umgibt, zurückzuführen. Es handelt sich um zwei durch einen zentralen Vorraum

Sechste Kammer des Pantheons der Infanten. ▲

voneinander getrennte Säle, den *Vikarsaal*, durch den man eintritt, und den *Priorsaal*. Die Namen leiten sich davon ab, wer jeweils in den Sälen den Vorsitz führte, der Vikar oder der Prior. Der letzte, quadratische Saal unter dem Turm ist die untere *Zelle des Priors*. Dieser Raum, die Kapitelsäle und deren Vorraum bilden eine Flucht von vier Sälen, deren gewölbte Decken mit Fresken mit *Groteskenmotiven* von Nicola Granello und Fabrizio Castello ausgestattet sind. Die einstigen Gemälde gehören heute zumeist zu den Schätzen des Prado-Museums; aber die dort verbliebenen verdienen nicht weniger Beachtung.

Der *Vikarsaal* wird von einem *Büßenden hl. Hieronymus*, von Tizian, beherrscht. Daneben, zwei *Blumenbilder*, von Mario Nuzzi, genannt „dei Fiori", und zwei Heilige in der Einöde, die *hll. Paulus und Hieronymus*, von José de Ribera. Von ihm stammen auch die drei großartigen Gemälde an der Wand gegenüber den Fenstern: *Die Stigmatisierung des hl. Franziskus*, *Jakob bei seiner Herde* und eine wunderbare *Pietà*. Unter den Werken fällt ein Meisterwerk von Diego Velázquez auf: *Das Gewand des hl. Josef*, geschaffen während seines ersten Aufenthalts in Rom. Zwischen den Fenstern hängen bedeutende Bilder El Grecos, z.B. die *Allegorie auf den Heiligen Bund* zwischen Philipp II., dem Papst und Venedig gegen die Türken im Jahr 1571.

Der *Priorsaal* ist hauptsächlich mit Gemälden der venezianischen Schule geschmückt. Von Tizian stammen *Das Gebet am*

▲ *Diego Velázquez:* Das Gewand des hl. Josef.

Ölberg, das den Altar beherrscht, *Rast auf der Flucht nach Ägypten* und das *Letzte Abendmahl*, das leider oben und an beiden Seiten abgeschnitten wurde, um es in den freien Raum im Refektorium des Klosters einzupassen. Von Tintoretto sind *Esther und Ahasver* und *Christus und Magdalena im Haus des Pharisäers*; von Veronese, *Die Erscheinung Christi vor seiner Mutter*, und von Moretto da Brescia, die *Sibylle von Eritrea* und *Der Prophet Jesaja*.

In der Saalmitte sind die *Pulte* für die Lesung der Epistel und des Evangeliums ausgestellt, eine Arbeit von Johann Simon von Antwerpen aus dem Jahr 1571. In der *Priorzelle* hat man die Tafeln von Hieronymus Bosch - in Spanien „El Bosco" genannt - untergebracht, die sich noch im Kloster befinden, insbesondere *Der Weg auf den Kalvarienberg*, *Die Dornenkrönung* und *Der Heuwagen*. Den Altar dieses Raumes beherrscht das *Tragbare Retabel von Kaiser Karl V.*, ein prachtvolles Werk aus vergoldetem Silber, Email und Holz, das in verschiedenen Werkstätten hergestellt wurde. Italienisch beeinflußt sind die Reliefs und die Apostel; in einem internationaleren manieristischen Stil und aus späterer Zeit, die drei Giebel.

▲ *Tizian:* Das Letzte Abendmahl. *Unten, José de Ribera:* Der hl. Franziskus von Assisi.

Grosser Kreuzgang

Die Umgänge um den Hof der Evangelisten sind mit 54 Fresken der *Heilsgeschichte*, von der Geburt Marias bis zum Jüngsten Gericht, ausgestattet, die sich, beginnend beim Prozessionstor, das den Kreuzgang mit der Kirche verbindet, aneinanderreihen, ein Werk von Pellegrino Tibaldi und dessen Werkstatt. Die „Stationen" in den Ecken stammen von Luis de Carvajal, Rómulo Cincinnato, Tibaldi selbst und Miguel Barroso.

Haupttreppe

In der Mitte des westlichen Kreuzganges befindet sich herrliche Haupttreppe „von großem Gewicht und großer Schönheit". Sie wurde nicht nach dem Plan von Juan Bautista de Toledo gebaut, sondern anscheinend von G. B. Castello, genannt der *Bergamasco*, entworfen. Zu ihrer architektonischen Anziehungskraft kommt die prunkvolle Ausgestaltung des Gewölbes mit Fresken von Luca Giordano aus dem Jahr 1692 hinzu: *Die Glorie der spanischen Monarchie*. Karl II., in der Mitte der Westwand, zeigt diese Apotheose seiner Mutter, Marianne von Österreich, und seiner Gemahlin, Marianne von Neuburg.

Nach der Treppe sollte man in den Galerien des Kreuzgangs die Malereien und das Tempelchen der Evangelisten kennenlernen. Rings um den Kreuzgang befinden sich einige wichtige Nebenbereiche, die nicht besichtigt werden können, die *Alte Kirche* und *Sakristei*.

▲ *Außenwand der Galerien des Kreuzgang und des Evangelistenhofes.*

Luca Giordano: Die Glorie der spanischen Monarchie. ▶

Der Evangelistenhof

Es handelt sich, vom architektonischen Standpunkt aus, um einen der interessantesten Bereiche des Komplexes, sowohl wegen der Fassaden der Galerien des Kreuzganges - ein Entwurf von Toledo, abgeändert von Herrera - als auch wegen des *Brunnenhauses* mit den vier Evangelisten, Werk Herreras, dem der Hof seinen Namen verdankt.

Den Mittelpunkt des Gartens, als typischer Klosterhof in Kreuzform angelegt, bildet ein dorisches Gebäude, das gleichzeitig auf die Quelle der Gnade und des geistigen Lebens (die vier Evangelisten) als auch auf den Garten Eden mit den vier Flüssen, welche die Weltteile bewässern, anspielt. Dieses *Tempelchen der Evangelisten* wurde 1586 von Herrera entworfen, die Skulpturen von J. B. de Monegro.

Die *Alte Kirche* oder Leihkirche, d.h. die provisorische, diente als Klosterkirche zwischen 1571 bis zur Fertigstellung der Basilika im Jahr 1586. Sie ist original erhalten mit den drei marmornen Altaraufsätzen edler Linienführung. Am Hauptaltar, eines der Meisterstücke Tizians, das grandiose *Martyrium des hl. Laurentius*, dessen kraftvolle Ausstrahlung schwer mit Worten zu beschreiben ist. Ein ähnliches Werk, etwas älter, gibt es in der Kirche „dei Gesuiti" in Venedig.

Der geräumige rechteckige Raum der *Sakristei* ist zwar nicht zu besichtigen, soll aber dennoch aus verschiedenen Gründen erwähnt werden. Sein Gewölbe ist mit Grotesken von Granello und Castello bemalt. Die einstigen Bilder gehörten zu den besten des Klosters, und auch heute noch befinden sich dort beachtliche Werke, wie der *Gekreuzigte*, von Tizian, ein *hl. Petrus*, von Ribera, und andere von Giordano. Darunter fällt ein Meisterwerk von Claudio Coello, leitender Künstler der Madrider Schule nach dem Tode Velázquez', besonders auf: *Die Anbetung der Hl. Hostie durch Karl II.*; hier wird durch barocke Kunstfertigkeit die Perspektive der Sakristei, so wie sie aussah, als diese Zeremonie im Oktober 1684 hier stattfand, in einen imaginären Raum verlängert, eine echte Momentaufnahme des spanischen Hofes. Der anekdotenhafte Charakter des Bildes wird dadurch gerechtfertigt, daß es sich nur um einen Schirm bzw. ein Velum handelt, welches den Schrein der Hl. Hostie verbergen und nur bei außergewöhnlichen Gelegenheiten enthüllen soll. Dann wird das Bild auf Schienen herabgelassen, bis es ganz verschwindet und das herrliche *Kruzifix* von Pietro Tacca sichtbar wird sowie der neugotische Tabernakel, der den während der Invasion durch Napoleon verschwundenen barocken ersetzt. Das Retabel und der Schrein wurden nach einem Entwurf von José del Olmo angefertigt.

Vom Kreuzgang gelangt man über den *Portikus der Basilika* entweder zur Basilika (S. 20) oder zum *Hof der Könige* (S. 26). Über

Claudio Coello: Detail aus Anbetung der Hl. Hostie durch Karl II.. ▲

Tempelchen, von Juan de Herrera, mit Skulpturen von Juan Bautista Monegro, im Evangelistenhof. ▶

den *kleinen Patio* (links hinten im Portikus) oder wenn man den Komplex verläßt, um bei der Nordfassade wieder hereinzukommen, erreicht man den *Palast- oder Wagenhof*, und von dort aus den *Bourbonenpalast*.

Der Bourbonenpalast

Der Bourbonenpalast, kann nach vorheriger Anmeldung (Tel. 91 8905902/5) mit Führung besichtigt werden, Freitag nachmittags und samstags.

Er nimmt die Ost- und Nordseite des Palast- oder Wagenhofes ein. Zu Zeiten der Habsburger bildeten die inneren Zimmerfluchten, mit Ausblick auf den Hof, zwei weiträumige Galerien; von den äußeren bewohnte die Königsfamilie die östliche Flucht, während sich in der nördlichen die Räume der wichtigsten Adeligen des Hofstaates befanden. Karl III. gestaltete alle diese Räume zur größeren Bequemlichkeit der Königsfamilie, vor allem der Prinzen von Asturias, um. Er selbst wohnte, wie auch seine Vorgänger, im „Griff des Bratrostes", der ebenfalls nach dem Geschmack der Bourbonen dekoriert war, bis zur Regierungszeit Alfons' XIII. Als jedoch Karl IV. den Thron bestieg, wollte er nicht in die jahrhundertealten Gemächer des Königs umziehen, sondern weiterhin in den Räumen leben, an die er bereits gewöhnt war. Um ihnen einen würdigeren Zugang zu verleihen, beauftragte er Villanueva mit dem Bau der neuen Treppe und der Umgestaltung der Nordfassade des Klosters. Wegen seiner Kohärenz, seiner reichen Ausstattung mit Gobelins aus der Kgl. Gobelin- und Teppichwirkerei Santa Bárbara in Madrid und des Erhaltungszustandes der Anlage ist es der charakteristischste der spanischen Bourbonen-Paläste.

Zum Palast gelangt man über die *Treppe*, ein gelungenes Werk des Architekten Juan de Villanueva aus dem Jahr 1793. Vom oberen Treppenabsatz aus, kann man drei Wege einschlagen, die zu den verschiedenen Räumlichkeiten der königlichen Familie führten. Wir werden dem Weg zum *Königsgemach* folgen.

Die drei westlichsten Räume der Nordseite belegten die *Werkstätten Karls IV.*. Darin fallen verschiedene Gemälde mit religiösen Motiven von Mariano Salvador Maella auf sowie drei Porzellanstücke aus der Kgl. Fabrik in Neapel, mit den Porträts der Königsfamilie. Es folgt der *Saal mit dem Schrank für Porzellan*. Er verdankt seinen Namen dem klassizistischen Möbelstück, in dem englisches Porzellan-Tafelgeschirr aus der Coppeland-Fabrik ausgestellt ist, das Hochzeitsgeschenk des britischen Monarchen, George V. für Alfons XIII. und seine Gemahlin Victoria Eugenia.

Es folgen nun Säle mit Wandteppichen, die aus der Kgl. Gobelin- und Teppichwirkerei Santa Bárbara in Madrid stammen, gefertigt nach Modellen oder „Kartons" von den angegebenen Künstlern und nach Maß für die Wände dieses Palastes und des Palastes „El Pardo". Die Teppiche bedeckten somit gänzlich die Wände und schützten die erhabenen Persönlichkeiten vor Kälte; denn der „Ausflug" nach El Escorial fand im Herbst statt und der zum Pardo im Winter. Vielleicht erklärt der Wunsch nach gemütlichen und warmen Zimmern die relative Enge der Räume. Anfangs wurden die „Kartons" pro Zimmer einem einzigen Künstler in Auftrag gegeben, mit nur einem Thema, was der Dekoration Kohärenz in Stil und Argumtentation verlieh. Heute hat sich dies zum größten Teil verloren, vor allem aufgrund der vielfältigen Umzüge Ende des XVIII. und Anfang des XIX. Jh..

Der *Galaspeisesaal*, ehemaliges Spielezimmer, ist mit Gobelins nach Vorlagen von Goya, Bayeu und Castillo geschmückt. Das nächste Zimmer dient als *Vorraum* nach der Treppe. Anglois, Antonio González Velázquez und Calleja haben hier in ihren Gobelins Kompositionen Teniers und Wouwermans nachempfunden. Im *Vorsaal*: Goya und Bayeu. Im *Botschaftersaal*: Bayeu. Die

Vorraum zum Botschaftersaal. ▶

Kammer des *Gebetsraumes des Königs*, an dessen Altar eine *Hl. Familie*, von Luca Giordano, zu sehen ist, befindet sich an der Ecke des Palasthofes. Bis hierher haben wir die Zimmerflucht besichtigt, deren Balkone nach Süden, auf den Palasthof blicken. Nun geht es durch die Räume hinter der Westfassade des Osttraktes weiter. Die vier ersten Zimmer gehörten zu den Gemächern der Infantinnen und die beiden letzten zu denen der Königin. Der erste Raum ist das ehemalige *Spielzimmer der Infantinnen*, heute bekannt als das *Telemach*-Zimmer, wegen der „Abenteuer des jungen Helden", die auf den in Brüssel von Leyniers gewebten Teppichen dargestellt sind. Außer diesen stammen wieder alle Gobelins aus der Kgl. Wirkerei von Madrid. Der nächste Raum ist das *Schlafgemach*, mit Teppichen nach Vorlagen von Bayeu und Aguirre. Danach, das *Ammenzimmer*, bekannt als *Saal der pompejanischen Gobelins*, von Agustín und Juan Navarro; das *Eingangszimmer*, mit Gobelins von Goya, Castillo und Bayeu; der *Saal der Türhüter der Gemächer der Königin*, mit Jagdszenen von Goya, Castillo und Aguirre. Von hier aus sieht man das letzte Zimmer dieser Reihe, das *Vorzimmer zu den Gemächern der Königin*, das eine direkte Verbindung zur Schlachtengalerie hat und mit Gobelins nach Vorlagen Terniers' dekoriert ist.

Die Fenster aller folgenden Räume öffnen sich auf der Ostfassade und, ab den Zimmern mit den Edelhölzern, auf der Nordfassade. Hier ist der *Saal für die Hofhaltung der Königin* mit Szenen von Bayeu, Goya und Castillo, unter anderen, großartigen geschnitzten Konsolen aus der Zeit Karls IV. und, in der Mitte, einem englischen Klavier von Thomas Tomkinson, von Anfang des XIX. Jh.. Von diesem Raum gelangt man in den *Gebetsraum*, mit Leuchtern und Zubehör aus vergoldetem Silber, aus der Kgl. Fabrik Martínez, in Madrid. Dann, der *tägliche Speisesaal*, mit einem *antiken Frisiertisch* und Gobelins nach Vorlagen von Goya, Aguirre und Castillo. Das *Schlafgemach* - heute Gemach des

Schlafgemach, „Gemach des Königs" genannt, im Bourbonenpalast. ▲

Königs genannt - mit einem herrlichen Bett französischer Machart, aus der Übergangszeit zwischen dem Klassizismus und dem Empirestil, das Karl IV. gehörte. Das *Toilettenzimmer*, mit Szenen von Castillo und Aguirre, unter anderen, Mobiliar aus der fernandinischen Epoche, und eine sonderbare Konstruktion für den Abort, mit klassizistischer Wanddekoration. Das *Schlafgemach* - heute Gemach der Königin genannt - mit Gobelins, mit Szenen aus dem Madrider Leben, von Aguirre. Das *Schneiderzimmer*, wo die Gobelins mit pompejanischen Motiven, von Castillo, sich noch an ihrem Ursprungsort befinden; sie wurden für diesen „Raum der Ovale" gewebt, den die damalige Prinzessin von Asturien, María Luisa de Parma bewohnte. In dem *Audienzsaal*, mit Szenen von Goya, Bayeu und Castillo, steht eine von dem Schreiner Ángel Maeso 1832 gefertigte Sitzgruppe, in dem eigenartigen dekorativen neugotischen Stil, aus der Zeit Ferdinands VII.

Von hier aus geht es weiter zu den *Räumen der Edelhölzer*, höchster Ausdruck des hervorragenden internationalen Niveaus, welches die Tischlerei und die dekorativen Künste in der Zeit Karls IV. erreicht hatten. Die Arbeiten in diesen vier Räumen (*Arbeitszimmer, Vorraum zum Gebetszimmer, Gebetszimmer und Toilettenraum*), alle mit Einlegearbeiten aus amerikanischen Edelhölzern ausgestattet, begannen 1793 und wurden erst 1831 beendet. Die ornamentalen Motive sind von einem klassizistischen Repertoire, von pompejanischen Formen und von denen Robert Adams sowie anderer europäischer Dekorateure vom Ende des XVIII. Jh. inspiriert, wobei verschiedenste Tendenzen zu einem reichen und harmonischen Ganzen vereint wurden.

Gärten

Nach dem Besuch des Gebäudes bleibt einem noch, die Schönheit der Gärten und der

Garten der Klosterbrüder, von der Galerie der Rekonvaleszenten oder den „Sonnenkorridoren" aus gesehen. ▲

anderen Gebäude, außerhalb des Komplexes, zu genießen. An der Hauptfassade entlang und die Treppen der Lonja hinab, kommt man zu dem Gang, der das Kloster mit dem Nebengebäude der Compaña verbindet. Darunter führt eine Tür, wenn man den Hof der Apotheke überquert, zur *Galerie der Rekonvaleszenten*, einem Werk von Juan Bautista de Toledo. „Eine schöne Arbeit des Handwerks und der Architektur, die zwei Fronten oder Fassaden in diesen Gärten bildet", sie wird nicht von „aufeinanderfolgenden gleichen Bögen, sondern von bestimmten Säulenweiten, die ihr große Anmut verleihen" gebildet. Wie ihr Name andeutet, waren diese „Sonnenkorridore" als Erholungsstätte für kranke Mönche gedacht und überdies als Schmuck für die Haltemauer, die den Höhenunterschied zwischen der Lonja und dem Garten ausgleicht.

Garten der Klosterbrüder

Er nimmt eine von starken Mauern gestützte Esplanade ein, die als Plattform für das Kloster dient; die Treppen die nebeneinander hinunterführen, verbinden es mit dem *Nutzgarten*, der von einem schönen *Teich*, einem Werk von Francisco de Mora, beherrscht wird. Beim Verlassen des Gartens sollte man bis zum Ende der Brüstung oberhalb des Teiches gehen und von dort aus die *Südfassade des Klosters* betrachten. Folgt man der Straße, so kommt man zum Oberen oder Infantenschlößchen.

▲ *Garten des Königs und Turm des Priors.*

Außenansicht des Infanten- oder „Oberen Schlößchens" und seiner Gärten, südwestlich des Klosters. ▶

Infanten- oder Oberes Schlößchen

Es wurde von Juan de Villanueva für den Infanten Don Gabriel, den Sohn Karls III., zwischen 1771 und 1773 errichtet. Seine edle ionische Bauweise fügt sich in einen terrassenförmig angelegten Ziergarten nach italienischer Art ein. Von hier aus hat man einen der schönsten *Blicke* auf das Kloster. Es ist für Besucher in der Osterwoche und den Sommermonaten geöffnet, außer montags.

Der Grundriß dieses liebenswürdigen Lustschlößchens, das um einen doppelt hohen Saal in der Mitte angelegt ist, war für Kammermusikkonzerte gedacht und leitet sich von pfälzischen Vorlagen ab. Charakteristisch für Villanueva ist die Eingangshalle mit Säulen, die von festem Mauerwerk umrahmt sind.

Ein Spazierweg von der Nordfassade des Klosters führt durch einen umzäunten Park hinunter zum *Unteren Schlößchen.*

Prinzen- oder Unteres Schlößchen

Es wurde zur selben Zeit wie das zuvor genannte für den älteren Bruder von Don Gabriel, den künftigen König Karl IV., ebenfalls von Juan de Villanueva errichtet und von 1781-1784 erweitert. Abgesehen von seiner größeren Anlage hat es gegenüber dem des Infanten den Vorteil, daß die Innenausstattung besser erhalten ist.

Auch hier ist die Abstufung zwischen dem Hauptgebäude und den Nebenanlagen sehr geglückt, ebenso wie das Verhältnis zu der Anlage des Ziergartens. Dieser stammt ebenfalls von Villanueva, doch wurde er Ende des XIX. und im XX. Jh. durch das Pflanzen von Nadelbäumen zerstört. Die Erweiterung von 1781 erfolgte im Bau des großen und des ovalen Salons, welche dem Grundriß T-Form verleihen, sowie in der Anlage des oberen Teils des Westgartens mit Teich. Im Untergeschoß sind die Decken im „pompejanischen" Stil von Vicente Gómez, Manuel Pérez, Juan de Mata Duque und

Luis Japelli bemalt und die Stuckdecken klassizistischen Stils von Giambattista Ferroni entworfen. Die Bilder stammen größtenteils von Luca Giordano und von dem ebenfalls aus Neapel kommenden Corrado Giaquinto; sie stellen religiöse, allegorische und mythologische Themen dar. Unter dem Mobiliar fallen verschiedene Stücke exquisiten klassizistischen Geschmacks auf, wie der große Tisch des Speisesaales mit der Steinplatte aus dem Kgl. Laboratorium del Buen Retiro, auf korinthischen Säulen, aus der Zeit Karls IV..

Vom Garten dieser *Casita* aus sieht man die *Kuppel* der Basilika hinter den Baumwipfeln des Parks. Sie ist 92 Meter hoch und überragt die Glockentürme um 20 und die Türme um 47 Meter. Da nun schon genug über Qualitäten gesprochen wurde und da traditionsgemäß gewisse Zahlen bezüglich des Klosters genannt werden, soll gesagt sein, daß jemand, der sie zählte, behauptete, es gäbe außen 296 Fenster und insgesamt 2.600; 1.200 Türen, 86 Treppen, 88 Brunnen, 16 Höfe, 15 Kreuzgänge und 9 Türme, und dies alles auf einer Fläche von 207 mal 161 Metern.

Gewölbe des Hauptsaales im Infantenschlößchen. ▲

Hauptfassade und Portikus des Prinzen- oder „Unteren Schlößchens". ▶

Bibliographie

HERRERA, Juan de: *Sumario y breve declaración de los diseños y estampas de la fábrica de San Lorenzo el Real del Escorial*, Madrid, 1589 (Faksimileausgaben, 1954 und 1978).

SIGÜENZA, José de: *Fundación del Monasterio de El Escorial*. -Buch 3 und 4 *Historia de la Orden de San Jerónimo* (Madrid, 1605)-, Ed. Turner, Madrid, 1986.

SANTOS, Francisco de los: *Descripción del Real Monasterio de San Lorenzo del Escorial, única maravilla del mundo*, Madrid, 1657.

XIMÉNEZ, Andrés: *Descripción del Real Monasterio de San Lorenzo del Escorial: Su magnífico templo, panteón y Palacio*, Madrid, 1764.

BERMEJO, Damián: *Descripción artística del Real Monasterio de San Lorenzo del Escorial y sus preciosidades después de la invasión de los franceses*, Madrid, 1820.

LLAGUNO y AMIROLA, Eugenio: *Noticias de los arquitectos y arquitectura desde su restauración, por don Eugenio Llaguno y Amirola, ilustradas y acrecentadas con notas, adiciones y documentos por don Juan Agustín Ceán Bermúdez*, 4 Bände, Madrid, 1829.

QUEVEDO, José de: *Historia del Real Monasterio de San Lorenzo*, Madrid, 1849.

ROTONDO, Antonio: *Historia descriptiva, artística y pintoresca del Real Monasterio de San Lorenzo, vulgarmente llamado de El Escorial*, Madrid, 1863.

RUIZ DE ARCAUTE, Agustín: *Juan de Herrera, arquitecto de Felipe II*, Madrid, 1936.

HENERMANN, Theodor: "El Escorial en la crítica estético-literaria del extranjero, esbozo de una historia de su fama", in *El Escorial: Revista de cultura y letras*, 1943, Seiten 319-341.

LÓPEZ SERRANO, Matilde: *Trazas de Juan de Herrera y sus seguidores para el Monasterio de El Escorial*, Madrid, 1944.

LORENTE JUNQUERA, Manuel: "La galería de convalecientes, obra de Juan de Herrera", in *Archivo Español de Arte*, 17, Nr. 63, 1944, Seiten 137-147.

PORTABALES, Amancio: *Los verdaderos artífices de El Escorial y el estilo indebidamente llamado herreriano*, Madrid, 1945.

ZUAZO UGALDE, Secundino: *Los orígenes arquitectónicos del Real Monasterio de San Lorenzo del Escorial*, Madrid, 1948.

PORTABALES PICHEL, Amancio: *Maestros mayores, arquitectos y aparejadores de El Escorial*, Madrid, 1952.

ÁLVAREZ TURIENZO, Saturnino: *El Escorial en las letras españolas*, Madrid, 1963.

Verschiedene Autoren: *Monasterio de San Lorenzo el Real de El Escorial.* Patrimonio Nacional. El Escorial, 1964, 2 Bände.

CHUECA GOITIA, Fernando: *Casas Reales en Monasterios y Conventos españoles*, Madrid, R.A.H., 1966, Madrid, Xarait, 1982.

TAYLOR, René: "Architecture and magic: Considerations on the idea of the Escorial", in *Ensays in the history of architecture in honor of Rudolf Wittkower*, Phaidon, Londres, 1967 (Spanische Version mit überarbeitetem und erweitertem Text: Ediciones Siruela, S.A., Madrid, 1992).

KUBLER, George: *Building the Escorial*, Princeton, 1982. Spanische Ausgabe, Alianza Editorial, Madrid, 1983.

OSTEN SACKEN, Cornelia Von der: *El Escorial, estudio iconológico*, Madrid, Xarait, 1984.

RIVERA BLANCO, Javier: *Juan Bautista de Toledo y Felipe II. La implantación del clasicismo en España*, Universidad de Valladolid, 1984.

Verschiedene Autoren: *El Escorial en la Biblioteca Nacional, Catálogo de la exposición, IV Centenario de la Fundación del Monasterio de El Escorial, Madrid, 1985-1986*. Mit vollständiger Bibliographie bez. Studien über das Kloster und Beschreibungen von Reisenden.

El Escorial: la Arquitectura del Monasterio, COAM. Madrid, 1986.

Ausstellungskataloge zur 400-Jahrfeier der Klosterbeendigung.: *Las Colecciones del Rey. Las Casas Reales. Fe y Sabiduría. Iglesia y Monarquía*, Patrimonio Nacional; *Biografía de una época*, Ministerio de Cultura; *Fábricas y orden constructivo*, MOPU; *Ideas y diseño*, COAM; Madrid, 1986.

MOLEÓN, Pedro: *La arquitectura de Juan de Villanueva*, COAM, Madrid, 1988.

GARCÍA-FRÍAS CHECA, Carmen: *La pintura mural y de caballete en la Biblioteca del Real Monasterio de El Escorial*, Patrimonio Nacional, Madrid, 1991.

RUIZ GÓMEZ, Leticia: *Catálogo de Pintura Veneciana histórica en el Real Monasterio de El Escorial*, Patrimonio Nacional, Madrid, 1991.

CHECA CREMADES, Fernando: *Felipe II, mecenas de las artes*, Editorial Nerea. Madrid, 1992.

MULCAHY, Rosemarie: *The decoration of the Royal Basilica of El Escorial*, Cambridge University Press, 1994 (Spanische Version: *"A la mayor gloria de Dios y el Rey": La decoración de la Real Basílica del Monasterio de El Escorial*, Patrimonio Nacional, Madrid, 1992).

BUSTAMANTE, Agustín: "El Panteón del Escorial", *Anuario del Departamento de Historia y Teoría del Arte*, UAM, Madrid, 1992.

WILKINSON-ZERNER, Catherine: *Juan de Herrera, architect to Philip II of Spain*, Yale University Press, New Haven y Londres, 1993 (Spanische Version: Juan de Herrera, arquitecto de Felipe II, Ediciones Akal, S.A., Madrid, 1996).

BURY, John: *Juan de Herrera y El Escorial*, Patrimonio Nacional, Madrid, 1994.

BUSTAMANTE GARCÍA, Agustín: *La octava maravilla del mundo (Estudio histórico sobre El Escorial de Felipe II)*, Editorial Alpuerto, S.A., Madrid, 1994.

CANO DE GARDOQUI Y GARCÍA, José Luis: *La construcción del Monasterio de El Escorial. Historia de una empresa arquitectónica*, Universidad de Valladolid, Salamanca, 1994.

RODRÍGUEZ ROBLEDO, Piedad: *Pedro de Tolosa, primer aparejador de cantería de El Escorial*, Colegio Oficial de Aparejadores y Arquitectos Técnicos de Madrid, Madrid, 1994.

DI GIAMPAOLO, Mario, coord.: *Los frescos italianos de El Escorial*, Sociedad Editorial Electa España, Madrid, 1994.

BROWN, Jonathan: *El triunfo de la pintura*, Madrid, 1995.

Navarrete el Mudo, pintor de Felipe II. Ausstellungskatalog, Logroño, 1995.

DI GIAMPAOLO, Mario, coord.: *Dibujos italianos para El Escorial*, Editorial Nerea, Madrid, 1995.

BROWN, Jonathan: *La Sala de Batallas de El Escorial: La obra de arte como artefacto cultural*, Universidad de Salamanca, Salamanca, 1998.

Verschiedene Autoren: *Felipe II y el arte de su tiempo*, Madrid, CSIC, 1998.

Zeitschriften: *Reales Sitios* (Patrimonio Nacional), und *La Ciudad de Dios* (PP. Agustinos).

Der Druck dieses Werkes, herausgegeben von
"El Patrimonio Nacional", wurde von Estudios Gráficos Europeos
in Madrid am 4.11.1999 beendet.